Veterinarios para diferentes animales

por Kristin Cashore
ilustrado por Aleksey Ivanov

Scott Foresman
is an imprint of

PEARSON

Glenview, Illinois • Boston, Massachusetts • Chandler, Arizona
Upper Saddle River, New Jersey

Every effort has been made to secure permission and provide appropriate credit for photographic material. The publisher deeply regrets any omission and pledges to correct errors called to its attention in subsequent editions.

Unless otherwise acknowledged, all photographs are the property of Pearson.

Photo locations denoted as follows: Top (T), Center (C), Bottom (B), Left (L), Right (R), Background (Bkgd)

Illustrations by Aleksey Ivanov

Photographs: 18 ©Comstock Inc.; 19 Brand X Pictures

ISBN 13: 978-0-328-53448-7
ISBN 10:   0-328-53448-X

1 2 3 4 5 6 7 8 9 10 V0G1 18 17 16 15 14 13 12 11 10 09

¿Cómo es un día en la vida de una doctora de animales? Quizás empiece el día revisando las orejas de un gato. Luego, chequea los dientes de una **llama**. Después, quizás camine por el bosque para visitar a los lobos. Al final del día es posible que trate de averiguar por qué el **yak** no quiere comer.

¡Espera! ¡Eso es increíble! ¡No puede ser! ¿Qué clase de doctor de animales cuida de gatos, llamas, lobos y yaks?

Cierto, sería un día casi imposible para un solo **veterinario**. Por suerte, ¡hay diferentes tipos de veterinarios!

Un veterinario de animales pequeños cuida de mascotas como perros, gatos y conejos. No sería raro que ese veterinario revisara las orejas de un gato.

Un veterinario de animales grandes cuida de animales de granja. No sería raro que le revisara los dientes a una llama.

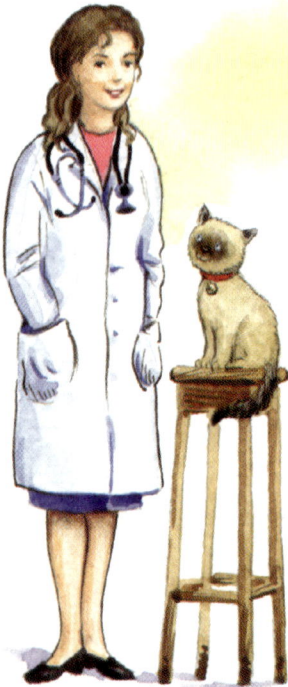

Veterinaria de
animales pequeños

Veterinario de
animales grandes

Un veterinario de animales salvajes ayuda a los animales en su hábitat natural. Este veterinario quizás vaya al bosque a estudiar el **crecimiento** de los lobos.

Un veterinario del zoológico cuida de los animales del zoológico. Este veterinario quizás trate de averiguar por qué al yak le duele el estómago.

Veamos qué hacen varios veterinarios cada día.

Veterinarios de animales salvajes

Veterinario del zoológico

La Dra. Bretón: Veterinaria de pequeños animales

La Dra. Bretón es una veterinaria de animales pequeños. Durante el día atiende a gatos, perros, pájaros, hámsteres, peces y conejos. Hay mascotas poco comunes, así que la Dra. Bretón también atiende a hurones, lagartijas, ratones, ratas, ranas y ¡hasta pequeños tiburones!

Lo primero que hace hoy la Dra. Bretón es revisar las orejas de un gato. Primero alumbra las orejas con una linterna, luego hace algunas pruebas. Sí, este gato tiene parásitos en las orejas. La Dra. Bretón le da medicina al gato. ¡El gato se sentirá mejor pronto!

orejas grandes

bigotes

garras y patas acojinadas

Los gatos son muy buenas mascotas.

El siguiente paciente de la Dra. Bretón es un perro que no tenía dueño, hasta que alguien lo adoptó. Lo primero que hizo el nuevo dueño fue llevar al perro a la consulta de la Dra. Bretón para examinarlo.

La Dra. Bretón mira las orejas y los ojos del perro. Le toca la panza y revisa que no tenga pulgas en el pelo. Le pone unas vacunas para **protegerlo** de enfermedades. Luego le saca sangre. Después va a examinar la sangre para asegurarse de que el perro está sano.

El perro está saludable. La Dra. Bretón pasa al próximo paciente. ¡Un veterinario de animales pequeños tiene días muy ocupados!

El Dr. Martínez: Veterinario de animales grandes

Un veterinario de animales grandes atiende a caballos, ovejas o borregos, cabras, vacas, llamas, cerdos y otros animales de granja.

El Dr. Martínez es un veterinario de animales grandes. Sus pacientes viven en el campo, en granjas cercanas a su casa. El Dr. Martínez va todos los días en su camioneta a atender a esos animales. Su primera visita del día es a una llama.

Como otros animales, las llamas necesitan exámenes médicos. A veces necesitan vacunas para evitar enfermedades. También necesitan que les corten las uñas. A veces, tienen problemas con los dientes. El Dr. Martínez le corta las uñas a la llama y le revisa los dientes.

Luego, el Dr. Martínez visita a un caballo muy viejo que está enfermo. Le dice al granjero que el caballo sólo necesita descanso, y le da medicina al caballo.

pelaje largo y lanudo

rabo corto y peludo

patas con dos pezuñas largas

Las llamas se pueden encontrar en granjas de América del Sur.

Después, el Dr. Martínez va a una granja lechera. Una vaca va a tener un becerrito, pero hay complicaciones. El granjero está muy **preocupado**, pero el Dr. Martínez sabe **persuadirlo** para que no se angustie. Le dice que él sabe lo que hay que hacer. El becerro nace sano y fuerte.

¿Adónde irá ahora el Dr. Martínez? Quizás visite una cabra. Este veterinario está muy ocupado. Durante el día él viaja mucho para cuidar los animales de las granjas.

La Dra. Villas y el Dr. Mor: Veterinarios de animales salvajes

Los veterinarios de animales salvajes trabajan por todo el mundo. Muchas veces, estos veterinarios se pasan días, o hasta años, estudiando un tipo de animal. Lo que estos veterinarios hacen durante el día depende del lugar donde viven.

La Dra. Villas es una veterinaria de animales salvajes en Wyoming. Allí estudia los lobos. Cuando encuentra un lobo lastimado, lo atiende hasta que se mejore. Cuando el lobo está sano, lo lleva otra vez a su hábitat natural. La doctora ayudó al lobo a **sobrevivir**.

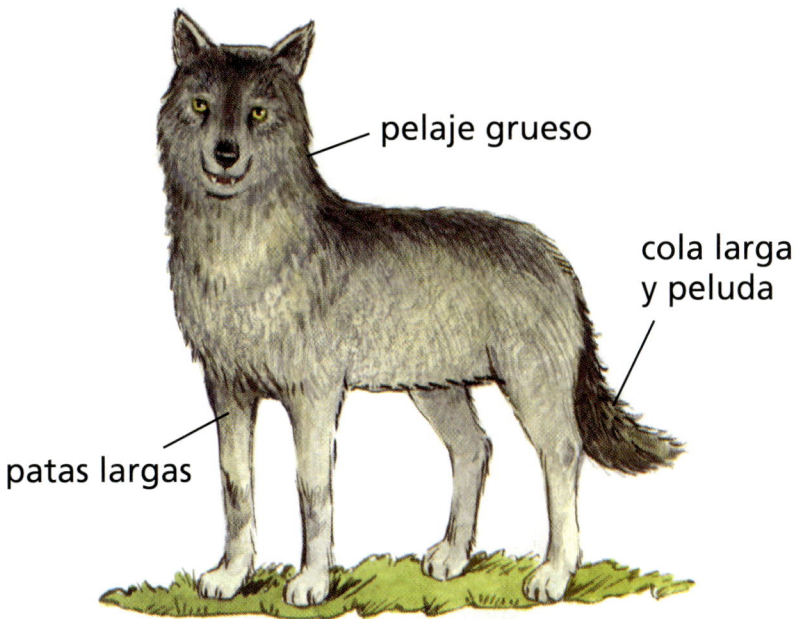

pelaje grueso

cola larga y peluda

patas largas

Los lobos viven en grupos llamados manadas.

El Dr. Mor es un veterinario de animales salvajes en Australia. Hoy está tratando de averiguar por qué los koalas del bosque cercano se están enfermando. Con cuidado de no lastimarlos, el doctor captura varios koalas. Luego les hace unos exámenes. Después devuelve los koalas al bosque.

El Dr. Mor estudia los exámenes para saber qué les pasa. Cuando encuentra la respuesta, trata de ayudar a los koalas. Quizás tenga que darles medicina. Él quiere estar seguro de que ningún otro koala se enferme.

Los veterinarios de animales salvajes tratan de aprender todo sobre estos animales. Estudian el lugar donde viven, lo que comen y cómo se comportan, así como los efectos que las personas tienen en la vida de estos animales.

Estos veterinarios son expertos en capturar los animales y luego devolverlos a su hábitat sin peligro. Algunas veces les ponen etiquetas de identificación a los animales. Así pueden reconocerlos la próxima vez que los vean.

Estos veterinarios estudian cómo los animales salvajes y las personas podemos compartir mejor la Tierra. Es una forma de **contribuir** un servicio y ser responsable.

El Dr. Li: Veterinario del zoológico

Un veterinario del zoológico necesita saber sobre muchos diferentes animales. El Dr. Li es un veterinario del zoológico. Su trabajo es atender a cientos de animales en el zoológico.

¿Recuerdas el yak que no quería comer? La primera consulta del Dr. Li es con el yak. Después de examinarlo, el doctor sabe exactamente lo que le pasa. Es lo que pensaba. ¡Un visitante le dio algo de comer que le hizo daño! Los visitantes nunca deben darle de comer a los animales, ya que muchos animales no pueden comer la misma comida que la gente. Nuestra comida les puede hacer daño, o hasta matarlos. Por suerte, el yak se va a sentir mejor pronto. ¡Qué alivio, para todos!

cuernos largos y puntiagudos

pelaje largo negro o café

patas con pezuñas

Los yaks son mamíferos grandes que viven en las montañas de Asia. Tienen pelaje largo y cuernos.

Ahora, el Dr. Li tiene que ver qué le pasa a un elefante con dolor en una pata. Revisa la pata del elefante. Se ve mucho mejor. El doctor le pone un nuevo vendaje al elefante.

Luego visita a un cocodrilo que se le rompió la cola. Toma una radiografía de la cola del cocodrilo, la examina y se da cuenta que la cola está sanando.

Al igual que los veterinarios de animales salvajes, los veterinarios del zoológico saben cómo darles medicina a los animales para que se duerman. De ese modo, el Dr. Li puede ayudar a los animales más peligrosos sin ningún riesgo. Así puede examinar los dientes de este leopardo sin peligro.

La salud de cada animal en el zoológico es importante. El Dr. Li hace todo lo posible para mantener saludables a todos los animales que viven allí.

Aunque los veterinarios atiendan a diferentes tipos de animales, todos están muy ocupados siempre. Muchos cuidan de gatos y perros. Otros cuidan de vacas y llamas. Algunos estudian lobos y koalas. Otros son expertos en todos los animales del zoológico.

La próxima vez que juegues con una mascota, pases por un rancho de ganado, veas un pájaro o vayas al zoológico, piensa en cómo contribuyen a su comunidad los veterinarios que cuidan a los animales de todo el planeta.

¡Inténtalo!

Imagínate que pudieras trabajar como uno de los veterinarios de los que hablamos en la historia. ¿Cuál te gustaría ser? ¿Cómo sería tu día? Escribe un diario como si fueras un veterinario.

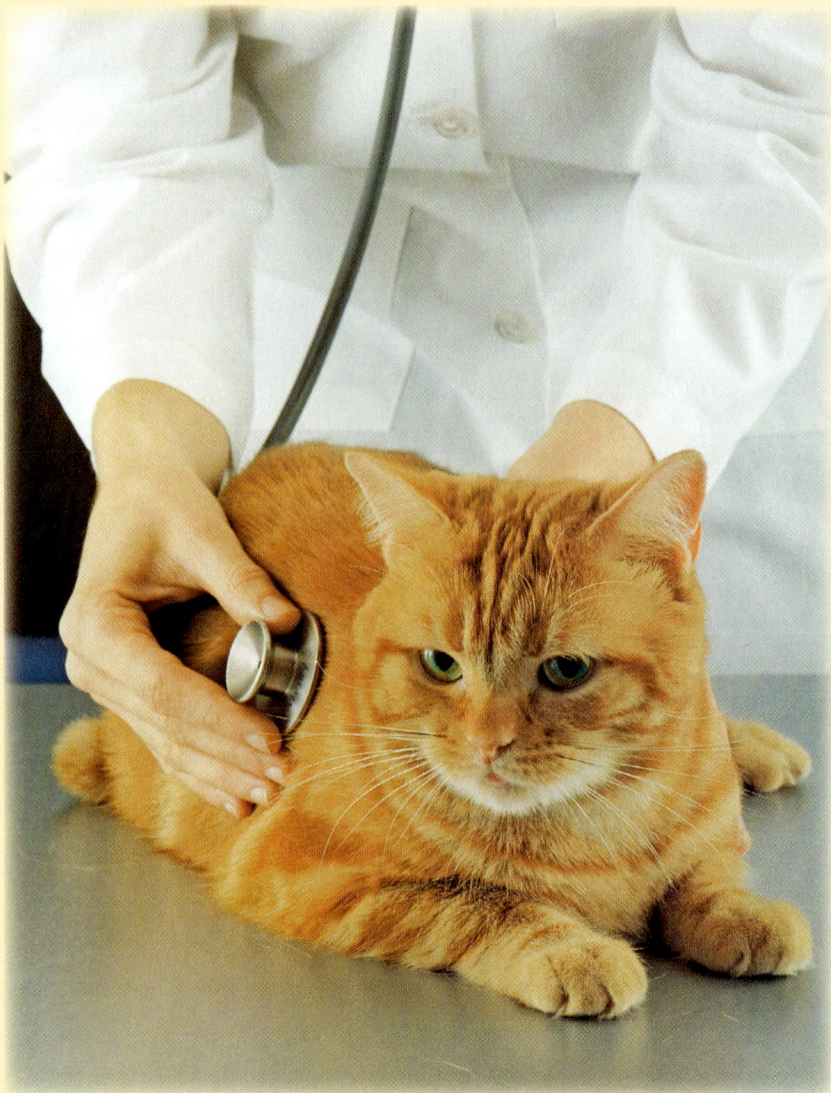

1. Decide qué tipo de veterinario/a vas a ser.
2. Piensa en cómo sería tu día. Hazte estas preguntas:
   ¿Qué animales verías?
   ¿Adónde irías?
   ¿Qué harías?
3. Escribe un párrafo en tu diario que diga cómo fue tu día.
4. Comenta lo que escribiste con tus compañeros.

Veterinario de animales grandes

Veterinaria de animales pequeños

Veterinaria de animales salvajes

Veterinario de animales salvajes

Veterinario del zoológico

Glosario

contribuir *v.* ayudar para lograr un fin.

crecimiento *s.* aumento de tamaño o desarrollo.

llama *s.* animal de América del Sur de pelaje largo, pariente del camello.

persuadir *v.* convencer a alguien de algo.

preocupado *adj.* sentirse angustiado o intranquilo.

proteger *v.* mantener seguro.

sobrevivir *v.* continuar viviendo después de una situación difícil.

veterinario *s.* doctor de animales; persona que atiende y cuida de animales.

yak *s.* animal de Asia Central parecido a un buey.